VENTE

DE L'ATELIER

CLÉSINGER

Me CHARLES OUDART, COMMISSAIRE-PRISEUR

M. ÉMILE BARRE, EXPERT.

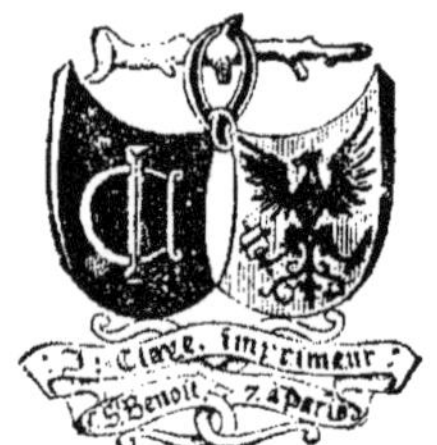
J. Claye, imprimeur
r. S. Benoit, 7, à Paris

CATALOGUE
DE MARBRES

GROUPES — STATUES — BUSTES

ET

TABLEAUX

DE

M. CLÉSINGER

PROVENANT DE SES ATELIERS DE ROME & DE PARIS

ET DE

TABLEAUX ANCIENS & MODERNES

COMPOSANT SA COLLECTION

Dont la vente aux enchères publiques aura lieu

HOTEL DROUOT

SALLES Nos 8 & 10

LES LUNDI 6, MARDI 7 & MERCREDI 8 AVRIL 1868

Par le ministère de M. CHARLES OUDART, commissaire-priseur
26, BOULEVARD DES ITALIENS

Assisté de M. ÉMILE BARRE, expert, 20, Chaussée-d'Antin
Chez lequel se distribue le présent Catalogue.

EXPOSITIONS

PARTICULIÈRES { *des Marbres*, le Samedi 4 avril, salle no 10.
des Tableaux, le Dimanche 5 avril, salle no 8.

PUBLIQUES { *des Marbres*, le Dimanche 5 avril, salle no 10.
des Tableaux, le Lundi 6 avril, salle no 8.

CONDITIONS DE LA VENTE

Elle sera faite au comptant.

Les acquéreurs payeront cinq pour cent en sus des enchères applicables aux frais.

Les Expositions particulières & publiques mettant les amateurs à même de se renseigner sur l'état des objets, il ne sera admis aucune réclamation une fois l'adjudication prononcée.

NOTA

L'impossibilité de monter les marbres au premier étage, à cause du poids énorme de quelques-uns d'entre eux, nous a forcé de diviser l'exposition & la vente des marbres & des tableaux dans deux salles différentes.

ON TROUVE LE PRÉSENT CATALOGUE

Chez MM.

A Paris.........	CHARLES OUDART, commissaire-priseur, 26, boulevard des Italiens. EMILE BARRE, expert, 20, Chaussée d'Antin.
A Londres.......	DAVIS, 101, New-Bond street. DURLACHER, 113, New-Bond street.
A Amsterdam.....	BOAS-BERG, antiquaire, Warmoestraat. GRUYTER.
A La Haye......	DIRKSEN, 99, Hofspui. VAN GOGH, marchand d'estampes.
A Rotterdam.....	LAMME, conservateur du Musée.
A Anvers........	VERLINDE, rue Copenhole. HUBERT, directeur de ventes.
A Bruxelles......	SLAES-COCKS, rue Neuve. HOLLENDER, rue des Croisades.
A Berlin.........	FIOCATI, 21, Unter den Linden. LEPKE, 12, Unter den Linden.
A Francfort......	GOLDSCHMIDT.
A Vienne........	ARTARIA & Cie. MAISON GOUPIL, représentant M. KAESER.
A St-Pétersbourg.	NEGRI, père et fils.

ORDRE DES VACATIONS

MARBRES
BRONZES ET TERRES CUITES

Le Lundi 6 Avril 1868

SALLE N° 10

TABLEAUX MODERNES
PAR M. CLÉSINGER ET AUTRES MAITRES

Le Mardi 7 Avril 1868

SALLE N° 8

TABLEAUX ANCIENS

Le Mercredi 8 Avril 1868

SALLE N° 8

Pendant la durée de l'Exposition universelle, pour fuir les encombrements de la foule banale & protester contre l'étroitesse des règlements officiels, l'illustre sculpteur de la Femme piquée par un serpent, *J. Clésinger, avait réuni dans un atelier de la rue Royale les principaux morceaux de son œuvre de ces dernières années. Tout Paris, — & Paris était alors l'hôtellerie des deux mondes, — tout Paris a donc pu étudier à loisir ces groupes héroïques, ces statues, ces bronzes & ces bustes vivants, ces terres cuites & ces marbres précieux, ces paysages & ces dessins énergiques... enfin suivre curieusement l'artiste dans les développements de sa pensée de sculpteur & de peintre.*

Aujourd'hui, M. J. Clésinger se sépare de tout ce que renfermait cette exhibition, dont la presse, absorbée par l'étude des écoles étrangères, a pu si peu s'occuper. Il y ajoute tout ce que contient d'achevé son grand atelier de Rome, & même tous ces tableaux anciens ou modernes qui lui composaient une galerie comme les artistes seuls savent les former. Poursuivi, obsédé par la résolution qu'il a prise d'achever promptement sa grande statue équestre de CHARLEMAGNE, *il entend se consacrer tout entier à cette œuvre. Il écarte violemment d'autour de lui tout ce qui, loin de le servir, ne pourrait que le préoccuper ou le distraire, à la façon de ces athlètes qui se préparaient à la lutte par un dur régime. Plus l'isolement sera complet, plus l'artiste se sentira libre dans le tête-à-tête avec son héros.*

Le Triomphe d'Ariane, *groupe colossal en marbre de Carrare, ouvre le catalogue de cette vente. Étendue & accoudée sur le dos d'un tigre qui marche à pas lourds, Ariane tient une gerbe d'épis mûrs, &, d'un mouvement de bras d'une coquetterie michélangesque, soulève les voiles qui pressaient sa large poitrine. C'est le geste héroïque de la beauté sûre de sa victoire, & Bacchus est déjà conquis !*

C'est au milieu des ruines de Rome que M. Clésinger a conçu sa Lucrèce mourante, *& c'est à Rome qu'il a voulu en terminer le marbre. Nous ne connaissions cette composition, d'un tragique si contenu, que par une réduction en bronze de l'esquisse. Le marbre lui ajoute une suprême éloquence. Lucrèce s'est déjà punie de l'outrage fait à sa chasteté : son bras laisse tomber le poignard; elle s'évanouit sur* *un siége, & sa tête s'affaisse sur son épaule. La répétition du buste de cette noble victime est d'un sentiment aussi pénétrant que l'original.*

Qui sait si Rachel, *posant pour son buste dans l'atelier de M. Clésinger, ne lui avait point fourni la première pensée de cette mort de Lucrèce? Son corps souple & noble excellait à prendre, sans y songer, ces attitudes antiques. Ce buste nous montre Rachel, telle qu'elle était en 1855, à la veille de son funeste départ pour l'Amérique, murmurant le soupir de Phèdre accablée :*

« Que ces vains ornements, que ces voiles me pèsent! »

Sous la colonnade de quel temple dédié « aux Dieux nouveaux! » sous le péristyle de quelle académie libérale l'Avenir posera-t-il cette statue de George Sand? *Drapée à la romaine, elle est assise dans un fauteuil de forme austère; ses mains tiennent le papier & le crayon, mais sa tête s'incline en avant, & son regard attentif suit dans l'espace l'action d'un drame invisible pour nous, & les formes du paysage qui l'encadre... C'est là plus que le portrait en marbre de ce génie passionné & recueilli, aimable & fort, simple & hardi, dont nous savons tous les œuvres, c'est la statue même, grave & ardente, de la Muse du roman moderne.*

Les œuvres que nous venons de citer suffiraient à faire la fortune de cette vente, mais M. Clésinger, ainsi que nous le disions plus haut, l'a voulu plus nombreuse & plus complète. Nous retrouvons-là ces bustes de Bacchantes, *de* Printemps, *d'*Automne, *de* Jeunes filles endormies, *qui sont si bien dans la tradition des beaux passages de notre école de sculpture française. Personne, de nos jours, n'a attaqué & assoupli le marbre avec cette franchise & cette hardiesse. Sous ce ciseau savant & habile, le marbre se fait chair; les artères battent; les narines palpitent comme des ailes de papillon; le souffle passe entre les lèvres; les draperies voltigent souples & transparentes; l'épiderme prend les reflets mats & mobiles de la fleur qui s'ouvre & de la jeunesse qui rit. C'est la vie dans ce qu'elle a de plus rapide, & la grâce de plus exquis.*

*Ce sentiment de l'expression extérieure de la vie, M. Clésinger l'a poursuivi dans la nature purement animale, & c'est le taureau romain qui lui en a offert la plus robuste image. Ces fiers taureaux, aux muscles épais, aux cornes démesurées, ne descendent-ils point de ceux qu'embrochaient, pour leurs festins, les héros de l'*Iliade *& de l'*Odyssée? *— On n'a point oublié, aux derniers Salons, un* Combat de taureaux sur les bords du Tibre. *Avec quelle force le vainqueur enfonce jusqu'au frontal sa longue corne à tra-*

vers la poitrine & l'épaule de son ennemi, & que l'agonie du vaincu est sinistre & lourde! — Outre ce combat resté célèbre, on trouvera ici une réplique, en marbre noir, d'un Taureau romain *qui orne le pied d'un des escaliers des Tuileries.*

Le sculpteur se borne ordinairement à traduire les formes par leurs reliefs absolus. La couleur ne le préoccupe guère, &, sauf notre grand Barye, il n'y a guère de sculpteurs contemporains qui se soient essayés dans la peinture au point d'y réussir. M. Clésinger estime que la main qui sait pétrir la terre doit être également habile à manier le pinceau. Les jouissances que donnent à l'œil les innombrables colorations de la nature valent celles qui, dans le bas-relief ou la statue, sont strictement fournies par le passage de l'ombre à la lumière sur une surface monochrome. De là ses études de paysage.

Ce sont d'ordinaire des vues de la Sicile ou de la campagne de Rome, les Marais Pontins, *la* Via Appia, *les* Bords du Tibre *surtout, semés de bœufs & de chevaux au repos. M. Clésinger aime les rudes partis pris de l'ombre & du soleil italien, les verdures poussant au noir, les terrains sablonneux, les montagnes de la Sabine s'enlevant en clair sur des ciels d'outremer pur, les eaux paresseuses reflétant les nuages roses qui traversent le couchant comme des vols d'ibis. Ce sont moins des tableaux que des notes jetées sur la toile en présence du puissant spectacle d'un midi flamboyant, ou des harmonies d'un crépuscule qui meurt dans les lointains violets. A l'abondance de la pâte qu'il pose sur les terrains, vous sentez que le sculpteur est comme en face d'une maquette : il étale le ton comme il ferait avec son ébauchoir d'une boulette de terre glaise ou de cire pour soutenir le relief d'une hanche, la saillie d'une épaule. Mais à la justesse du ton local, à la recherche des demi-teintes, vous reconnaissez l'artiste souple & raffiné.*

J'ai dit que M. Clésinger se séparait aussi des tableaux anciens ou modernes qu'il avait réunis. Ils sont tels qu'un artiste, homme de goût & voyageur, peut les choisir & les acheter. Il y a un Village hollandais traversé par un canal *que l'expert, qui a rédigé la notice du catalogue, donne à Hobbema. — Cette peinture, de l'école française, c'est la* Gimblette, *une des compositions de Fragonard, dont l'aimable polissonnerie eut tant de succès, qu'il dut la répéter plus d'une fois. — Ces deux Lagrenée, l'*Allégorie de la peinture & Pygmalion amoureux de sa Galathée *revenaient de droit à un sculpteur-peintre. Ils sont l'un & l'autre signés & datés. — Ce Paul Véronèse, l'*Amour effrayé, *a* *été acheté en Italie, & ce Van Dyck aussi, le* Repos de la sainte Famille. — *Ces Breughel et ces Van Balen viennent d'ici & de là, & n'en sont pas moins plaisants. Les artistes qui collectionnent peuvent se tromper au nom, mais jamais à la qualité.*

Les tableaux modernes donnent chacun une note du talent & de la manière des maîtres : Théodore Rousseau est là avec un Dessous de bois *où les vaches s'endorment en savourant la fraîcheur de l'ombre; Eugène Delacroix, avec un* Souvenir du Maroc; *Ziem, avec une* Vue du Lido. *Daubigny nous promène sur les* Bords de l'Oise, *& Marilhat, qui alors n'avait point roussi sa palette au soleil de l'Égypte, dans la* Vallée de Chevreuse. *Troyon & Corot, Diaz & Tassaert, Robert Fleury & d'autres encore dont je n'ai plus les noms, mais qui sont des maîtres excellents, figurent également dans cette vente de l'atelier de M. J. Clésinger, & marquent ses préférences pour les coloristes de fine race.*

PH. BURTY.

MARBRES

Vente du Lundi 6 Avril 1868, Salle N° 10

1. — Triomphe d'Ariane.

Groupe colossal (hauteur de 2 mètres 75 cent., largeur de 3 mètres), en marbre de Carrare.

Ce groupe, exécuté à Rome de 1860 à 1867, représente l'Ariane indienne, femme de Bacchus, déesse de l'abondance; le corps entièrement allongé sur un tigre, elle retient de la main gauche les plis d'une ample draperie; la main droite, appuyée sur la tête de l'animal, tient une gerbe d'épis. La tête, tournée de trois quarts, est couronnée de pampres.

2. — Mort de Lucrèce.

Statue colossale (largeur de 3 mètres, hauteur de 2 mètres), en marbre de Carrare dit grestola.

Cette statue, exécutée à Rome de 1863 à 1867, représente Lucrèce assise, affaissée, mourante; ses vêtements entr'ouverts laissent voir la blessure du poignard que sa main déjà roidie vient de laisser échapper; la physionomie est empreinte d'une expression douloureuse, dernier symptôme de la vie.

3. — George Sand.

Statue colossale en marbre de Carrare fait de 1858 à 1860.

Ce portrait est exécuté dans le style antique, sobre de tout ornement. La chevelure est retenue par une épaisse torsade sur la nuque, les plis d'une draperie sévère ne découvrent que les extrémités, laissées nues. La main droite appuyée sur le siége tient la plume; dans la main gauche reposant moelleusement sur le corps est roulé le feuillet emblématique de l'illustre écrivain.

4. — Taureau romain.

En marbre noir — bertuglio — (1 mètre de long, 1 mètre de hauteur), semblable, sauf la couleur du marbre, au taureau acheté précédemment par S. M. l'Empereur & placé au pied d'un des escaliers des Tuileries.

5. — Buste de Rachel.

Grandeur nature en marbre de Grestola.

Le modèle de ce buste fut exécuté d'après nature en 1855 au moment du départ pour l'Amérique de l'illustre tragédienne. Elle y est représentée dans *Phèdre*.

6. — Buste de Lucrèce.

Buste colossal en marbre grec; tête de la statue de Lucrèce mourante.

7. — Tête de Christ.

Grandeur nature, marbre de Carrare. Le dernier regard de l'Homme-Dieu.

8. — Jeune fille endormie.

Buste grandeur nature, marbre de Carrare.

9 — Buste de Bacchante.

Buste grandeur nature, marbre de Seravezza. Étude de type romain.

10. — Buste du Printemps.

Grandeur nature, marbre de Carrare.

Cheveux bouclés, touffes de roses dans la coiffure & au corsage.

11. — Buste de l'Automne.

Marbre de Carrare, grandeur nature.

Jeune femme couronnée de pampres.

12. — Buste de Bacchante.

Grandeur nature, marbre grec.

13. — Buste de Charlotte Corday.

Nouvelle étude, grandeur nature, marbre grec.

14. — Buste de J. Clésinger.

Étude inédite en marbre de Carrare, exécutée en 1848.

15. — Judith.

Buste marbre blanc, grandeur nature.

16. — Chouette & Tortue.

Allégorie, marbre de Carrare.

TERRES CUITES

17. — Buste de Sapho.

Terre cuite, grandeur nature, exécutée à Rome en 1868.

18. — Dame romaine.

Terre cuite, grandeur nature. Buste exécuté en 1868.

BRONZES

19. — Lucrèce mourante, demi-nature.

20. — Tête de Christ, grandeur naturelle.

21. — Combat de taureaux romains.

22. — Léda & le Cygne.

L'original en marbre est a Fontainebleau.

PLATRES

23. — Buste héroïque de Jules César.

24. — Buste héroïque de Napoléon III.

TABLEAUX

PAR

M. CLÉSINGER

Vente du Mardi 8 Avril 1868

25. — Combat de taureaux romains au bord du Tibre.

Larg. 2 mètres; haut. 70 cent.

26. — Les Chênes de Polo.

Campagne de Rome.

Larg. 2 mètres; haut. 70 cent.

27. — L'Etna, lever de soleil.

Vue prise de la porte de la Miséricorde, route de Palerme à Syracuse (Sicile).

Larg. 2 mètres; haut. 1 mètre.

28. — Le Tibre dans les montagnes Sabines.

Effet du soir. (Campagne de Rome.)

Larg. 2 mètres; haut. 1 mètre.

29. — Les Marais Pontins.

Campagne de Rome. Soleil levant dans la brume.

Larg. 1 mètre; haut. 50 cent.

30. — La Via Appia.

Campagne de Rome. Effet de coucher de soleil.

Larg. 1 mètre; haut. 50 cent.

31. — Inondation du Tibre.

Campagne de Rome. Effet de matin.

Larg. 50 cent.; haut. 25 cent.

32. — Le Tibre à sa sortie des Sabines.

Effet du matin.

Larg. 50 cent.; haut. 25 cent.

33. — Une Tour.

Au bord de la mer : à Fiumicino, campagne de Rome. Effet du soir.

Larg. 54 cent.; haut. 25 cent.

34. — Un Orage.

A Fiumicino, bord de la mer, campagne de Rome.

Larg. 70 cent.; haut. 30 cent.

35. — Le lac d'Enghien.

Larg. 70 cent.; haut. 30 cent.

36. — La Pointe d'Épinay (Seine-&-Oise).

Larg. 70 cent.; haut. 30 cent.

DESSINS

PAR

M. CLÉSINGER

37 à 41. — Cinq études de têtes d'après nature.

42 à 61. — Paysages, vues prises dans la campagne de Rome.

Au crayon noir & blanc, mesurant tous 75 cent. de longueur sur 50 cent. de hauteur.

TABLEAUX

ANCIENS ET MODERNES

GARNISSANT L'ATELIER

DE M.

CLÉSINGER

TABLEAUX MODERNES

COROT

62. — Grand Paysage pris dans la forêt de Fontainebleau.

Salon de 1844, n° 724.

Larg. 2 mètres 40 cent.; haut. 1 mètre 75 cent.

DAUBIGNY

63. — Bords de l'Oise.

Larg. 66 cent.; haut. 37 cent.

DELACROIX (EUGÈNE)

64. — Bonaparte en Italie.

(Vente Delacroix.)

Larg. 61 cent.; haut. 45 cent.

DELACROIX (EUGÈNE)

65. — Souvenir du Maroc.

Larg. 29 cent.; haut. 37 cent.

DIAZ

66. — Paysage sous bois.

Larg. 39 cent.; haut. 28 cent.

DUMARESQ (Armand)

67. — Napoléon III à Solferino.

(Aquarelle.)

FLEURY (Robert)

68. — Une Procession sous la Ligue.

(Collection Belmont, de New-York.)

Larg. 2 mètres 38 cent.; haut. 1 mètre 65 cent.

FROMENTIN

69. — Halte à la porte d'une ville algérienne.

Larg. 32 cent.; haut. 24 cent.

ISABEY

70. — Un Duel sous Louis XIII.

(Aquarelle.)

MARILHAT

71. — L'Étang de Cernay, dans la vallée de Chevreuse.

Larg. 61 cent.; haut. 38 cent.

MULLER (C.-L.)

72. — La Déclaration d'amour.

Larg. 1 mètre 17 cent.; haut. 88 cent.

ROUSSEAU (Théodore)

73. — Dessous de bois, avec un troupeau de bœufs au repos.

Larg. 68 cent.; haut. 36 cent.

SAINT-JEAN

74. — Grappe de raisin muscat.

Larg. 38 cent.; haut. 29 cent.

TASSAERT

75. — La Fontaine des Amours.

Larg. 47 cent.; haut. 56 cent.

TROYON

76. — Le Départ pour le marché.

Larg. 32 cent.; haut. 42 cent.

ZIEM

77. — Vue du Lido, avec barques de pêcheurs.

Larg. 52 cent.; haut. 31 cent.

TABLEAUX ANCIENS

VAN BALEN

78. — Repos de la sainte Famille en Égypte.

VAN BALEN & VAN KESSEL

79. — La Vierge aux Anges.

Au milieu d'un paysage, la Vierge est assise tenant dans ses bras l'enfant Jésus ; derrière elle est sainte Anne, debout & lisant ; à ses pieds saint Jean-Baptiste & des anges lui offrent des fruits. — Dans le fond, de nombreux animaux. — Le sujet du tableau est entouré d'une guirlande de fruits soutenue par des anges.

VAN BALEN & VAN KESSEL

80. — Achille à la cour de Diomède.

Composition d'un grand nombre de figures.

BREEMBERG (Bartholomeo)

81. — Paysage avec ruines, animé de figures & d'animaux.

BREEMBERG (Bartholomeo)

82. — Autre Paysage, pendant du précédent.

ÉCOLE BOLONAISE

83. — Un Martyre.

BOUCHER

84. — Vénus & l'Amour, pastel.

BOUCHER

85. — Jeune Femme endormie.

BREUGHEL

86. — Les Misères de la guerre.

BREUGHEL

87. — La Création du monde.

BREUGHEL

88. — La Naissance d'Ève.

BREUGHEL

89. — Le Paradis terrestre.

BREUGHEL

90. — L'Arche de Noé.

BREUGHEL & VAN BALEN

91. — L'enlèvement d'Europe.

BRILL (Paul)

92. — Intérieur de forêt, avec oiseaux & animaux.

Dans le fond, & de l'autre côté d'un cours d'eau, on aperçoit un village.

BRILL (Paul)

93. — Entrée de forêt, avec animaux.

Dans le fond, un château fort.

BRILL (Paul)

94. — Village de Hollande, avec patineurs & chasseurs.

Effet de neige.

DE CASTRO (G.-H.)

95. — Fleurs & Nid d'oiseau.

Petit tableau très-fin.

CORRÉGE (École du)

96. — Madeleine.

ELZEIMER

97. — Saint Jérôme dans le désert.

FRANK (Le vieux)

98. — Les Œuvres de miséricorde.

Autour du sujet principal représentant une scène du Jugement dernier, se trouve une série de petits tableaux retraçant les œuvres de miséricorde; aux quatre angles, les portraits des quatre Évangélistes, peints en grisaille.

FRANK (François)

99. — Sujet de l'histoire ancienne.

FRANK (François)

100. — Célébration des fêtes de Bacchus.

FRAGONARD

101. — La Gimblette.

Œuvre de la belle qualité du maître.

HOBBEMA

102. — Village de Hollande traversé par un canal.

Au premier plan, à gauche, une chaumière dans un bouquet d'arbres ; le long du canal, une route animée de piétons & de cavaliers ; à droite, quelques habitations rustiques à l'entrée d'une forêt ; dans le fond, on aperçoit une église & des barques de pêcheurs sillonnant le canal.

Effet de soleil levant.

VAN KAMPEN

103. — Effet d'hiver, patineurs.

LAIRESSE (Gérard de)

104. — Saint Jean prèchant dans le désert.

LANTARA

105. — Entrée de ville, soleil couchant.

LANTARA

106. — Paysage traversé par un torrent & animé de figures.

Dessin aux deux crayons.

LEDUC (Jean)

107. — La Partie de musique.

Composition de cinq figures.

LAGRENÉE

108. — Pygmalion amoureux de sa statue.

Signé & portant la date de 1784.

LAGRENÉE

109. — Allégorie de la Peinture.

Signé & portant la date de 1772.

LARGILLIÈRE

110. — Portrait de jeune fille.

Près d'elle est un petit chien auquel elle offre des gâteaux.

LEBRUN (Mme Vigée)

111. — Portrait d'une jeune femme, les seins nus.

METZU

112. — Jeune femme à une fenêtre, arrosant des fleurs.

Au-dessus d'elle, une cage d'oiseaux.

PATER

113. — La Diseuse de bonne aventure.

PALAMÈDES

114. — Intérieur de corps de garde.

Sur le premier plan, un officier interroge un de ses soldats; dans le fond, d'autres personnages jouent aux dés sur un tambour.

RAPHAEL (ATTRIBUÉ A)

115. — La Vierge, l'enfant Jésus & saint Jean.

Tableau sur panneau de cèdre.

Une inscription latine, qui se trouve derrière, indique que ce tableau, peint par Raphaël d'Urbin, a été terminé par Ghirlandaio sur l'ordre du pape Jules II.

ROBERT (HUBERT)

116. — Monuments en ruine, environs de Rome.

ROTTENHAMER

117. — Diane & ses nymphes surprises par des satyres.

ROTTENHAMER

118. — Jeunes femmes & Silènes jouant au pied d'une statue de Priape.

ROTTENHAMER

119. — Un Sacrifice antique.

Composition d'un grand nombre de figures.

RUBENS (d'après)

120. — Le Jardin d'amour.

STELLA

121. — Tête de Vierge.

SCHWIKKHARDT (H. W)

122. — Deux paysages faisant pendant.

SNYDERS

123. — Sanglier attaqué par des chiens.

SNYDERS

124. — Cygnes dans un étang.

(Vente Salamanca.)

VAN STRY

125. — Extérieur de ferme avec paysage & animaux.

TÉNIERS (David)

126. — Concert champêtre.

VAN DER ULFT

127. — Sujet allégorique.

Une caravane d'animaux nombreux, conduite par des bergers, descend d'une montagne pour traverser un cours d'eau ; sur l'autre rive, un personnage allégorique les contemple.

VAN DYCK

128. — Le Repos de la sainte Famille.

Au milieu d'un paysage, la Vierge, assise sur un tertre, tient l'enfant Jésus couché sur ses genoux ; saint Joseph contemple cette scène ; au-dessus d'eux voltigent des anges.

Superbe tableau du maître dans sa manière italienne.

Belle bordure en bois sculpté de l'époque, ornée de fleurs de lis.

VALIN

129. — Amours célébrant le sommeil de Vénus.

VALIN

130. — Tête de Bacchante.

VAN DER NEER

131. — Canal glacé avec patineurs.

Effet de nuit.

VÉRONÈSE (ALEXANDRE)

132. — La Partie de cartes.

Sur la terrasse d'un palais, des personnages jouent aux cartes; sur le premier plan, un page joue de la cornemuse, un autre agace un perroquet.

VÉRONÈSE (PAUL)

133. — L'Amour effrayé.

Une jeune et belle femme, au sein nu, tient d'une main une partie de sa luxuriante chevelure, & de l'autre main semble protéger un petit Amour qui s'est réfugié auprès d'elle.

Tableau d'une grande richesse de coloris & de la belle qualité du maître.

VERNET (JOSEPH)

134. — Le Coup de vent.

VERNET (JOSEPH)

135. — Le Calme.

Ces deux tableaux proviennent de la collection de Monro, de Londres.

---

136. — Un très-intéressant album, contenant un grand nombre de dessins de maîtres anciens & modernes.

PARIS. — J. CLAYE, IMPRIMEUR, 7, RUE SAINT-BENOIT. — [265]

www.ingramcontent.com/pod-product-compliance
Ingram Content Group UK Ltd.
Pitfield, Milton Keynes, MK11 3LW, UK
UKHW020437180726
13839UKWH00004B/1538

9 782329 551821